22 KLEINE AUFMERKSAMKEITEN FÜR MICH

Susanne Schiefelbein

EMF
EIN BUCH DER
EDITION MICHAEL FISCHER

GARANTIE

LIEBE/R ______________________,

Damit bist du gemeint!

Huch!?

dieses Buch ist nur für dich, ganz allein und exklusiv. Egal, ob du traurig, wütend, glücklich, gelangweilt oder oder oder bist – Du bist wie du bist – das ist wundervoll und verdient, belohnt zu werden.
Tu dir Gutes und zwar viel davon!
Was du dazu brauchst, findest du auf der rechten Seite – das Wichtigste zu deinem Glück hast du bereits und wird dir nie verloren gehen: DU. Hi!

Garantiert.

GANZ ← viel → GUTES

Auf den Seiten 51-63 findest du **VORLAGEN**, die du ausschneiden kannst.

nur für sich.

22 x Gutes hier entlang

HAUPTSACHE HERZLICH

DAS AUGE ISST MIT? JA, KLAR, ABER: DAS HERZ ERST RECHT! MIT EINEM KEKSAUSSTECHER KANNST DU GLANZLOSE GERICHTE RATZFATZ IN KLEINE ESSBARE KUNSTWERKE VERWANDELN.

Die Zutaten auf der rechten Seite ergeben z.B. einen köstlichen Salat.

Ausgestochen lecker!

mit richtig viel Herz:

Tobe dich mit einem Ausstecher im Gemüsefach aus!

Herzige Häppchen,
geschichtet aus: Brot, Käse, Salat, Gurke, Tomate, Möhrenschleifchen

Schäle von einer langen Möhre mit einem Schäler dünne Streifen ab.

Kleingeschnittener Salat, z.B. Rucola zur „Unterfütterung“

Viertle eine Paprika.

Brotscheibe

Wenn du mehrere Blätter Eisbergsalat übereinanderschichtest, ergeben sie einen kleinen Stapel Salatherzen.

Schneide große Tomaten in ca. 1 cm dicke Scheiben.

Löse einzelne Blätter vom Chicorée.

Schneide eine dicke Gurke in ca. 1 cm dicke Scheiben.

Und: Alles, was dir sonst noch schmeckt!

DUFTE DINGER

IMMER DER NASE NACH – WO ES SCHÖN DUFTET, IST DAS WOHLBEHAGEN NICHT WEIT! SO ENTSTEHEN DEINE EIGENEN DUFTENDEN ANHÄNGER:

1 Auf Seite 54 findest du eine Vorlage. Schneide zuerst den Doppelkreis und anschließend die beiden Herzen aus.

2 Schneide ein Stück Filz aus (ca. 4,5 x 4,5 cm) und klebe es auf eine Hälfte über das Herz.

3 Lege ein Stück Garn an die Verbindungsstelle beider Kreise. Nun klebst du die Kreishälften zusammen.

Weihnachten liegt in der Luft? Dieser dufte Hirsch wartet als Vorlage auf Seite 54 auf dich.

6 aufhängen

4 Ein bisschen Deko nicht vergessen!

5 Träufle einige Tropfen Duftöl in die Mitte des Herzens (nicht daneben, sonst verläuft die Farbe).

BITTE BLÄTTERN!

Einer, der immer die richtigen Worte findet und dir nur schöne Momente bereitet?
Ja, es gibt ihn: Fülle deinen kleinen immerwährenden Kalender randvoll mit schlauen Sprüchen, witzigen Hinweisen, herzerwärmenden Bildern und Fotos und vielem anderen Schönen. Dann einfach täglich die passende Seite aufschlagen und freuen!

1. Schneide aus Karton beliebig viele Quadrate aus (z.B. 8 x 8 cm).

2. Stich in gleichmäßigem Abstand mit einem spitzen Gegenstand kleine Löcher hinein.

3. Ziehe einen Faden durch jedes Loch und verknote ihn. Achte darauf, dass ausreichend Spielraum bleibt, um die Seiten umblättern zu können.

4. Schneide die Enden ab.

Schlaue Sprüche

herzerwärmende Bilder und Fotos

witzige Hinweise

Benutze auch die Rückseite

Einzelne farbige Seiten zwischendrin sehen toll aus. TIPP

TRÄUMERISCHE TAGE

BRILLE AUF, SCHÖNE GEDANKEN AN! EGAL, WAS DRAUSSEN GERADE TOBT: SPERRE ES AUS, NIMM DIR ETWAS ZEIT UND GÖNNE DIR EINEN KLEINEN TRÄUMERISCHEN TAUCHGANG IN DEIN INNERES.

Gute Reise!

Brille basteln

so geht's:

Schneide die Brille aus Karton aus und klebe sie auf Bastelfilz.*

Schneide die Form aus – schon hat deine Brille eine flauschige Rückseite.

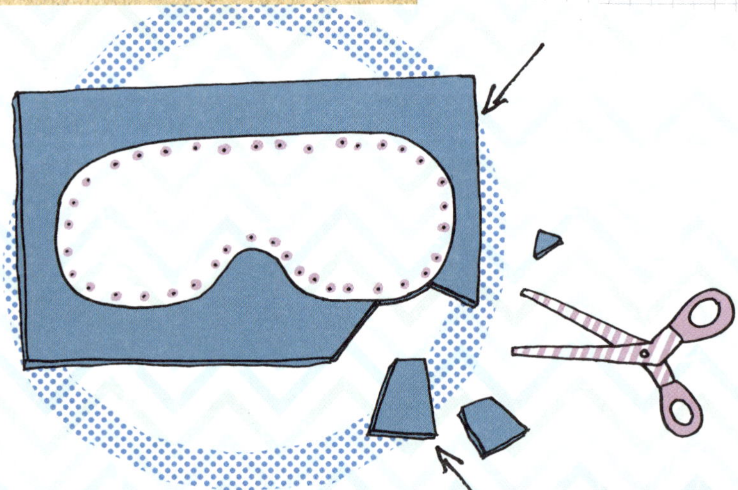

* Eine Vorlage findest du unter www.emf-verlag.de/22 kleine Aufmerksamkeiten.

Ziehe ein deiner Kopfgröße entsprechendes Gummiband durch die Löcher.

Verschönere die Vorderseite, ganz wie du magst:

Stich mit einem spitzen Gegenstand rechts und links ein Loch durch Karton und Filz.

Aufsetzen und hinein in deinen

Tagtraum!

* Rosarote Brille
* Zeit für mich
* Hier schlummert

oder einfach

WENDE-WÜNSCHE

WIE VIEL SCHÖNER IST EIN TAG, WENN MAN MIT EINEM LIEBEN WUNSCH DAS HAUS VERLÄSST UND MIT EINEM HERZLICHEN WILLKOMMEN ZU HAUSE EMPFANGEN WIRD!

Bastle dir deinen persönlichen Empfangs- und Abschiedsservice für die Wohnungstür:

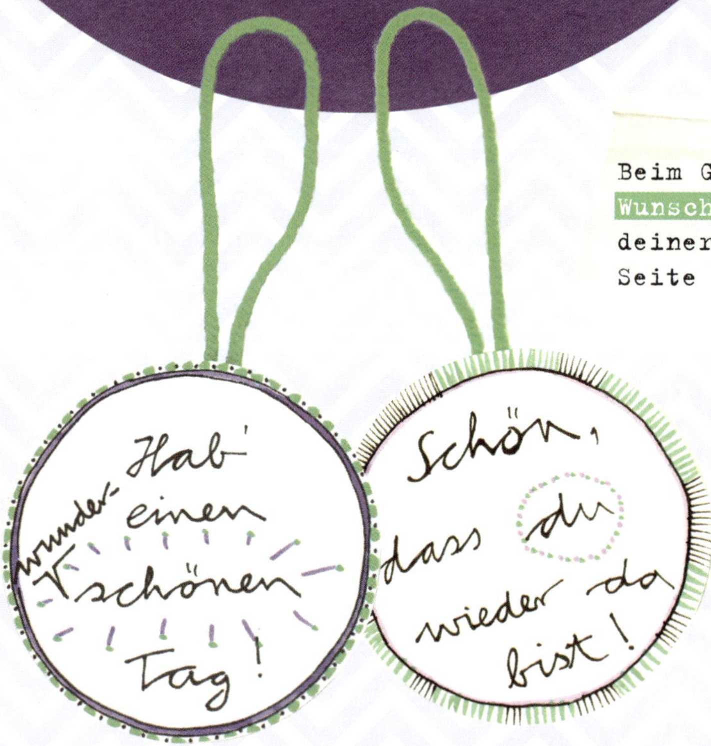

Beim Gehen drehst du deinen Wunschkreis um, sodass dich bei deiner Rückkehr die richtige Seite erwartet und umgekehrt.

Forme aus einer Schnur eine Schlaufe und fixiere sie mit Klebeband auf der Innenseite des einen Kreises.

Schneide zwei Kreise aus. Als Schablone kannst du ein umgedrehtes Glas verwenden.

Ø z.B. 8 cm

Ran an die Tür!

Klebe beide Kreise mit Klebstoff zusammen.

TSCHÜSS TRÜBSAL, HALLO HAPPY DAY!

Verschönere eine Kreisseite mit einem Willkommenswunsch, die andere mit einem Abschiedsgruß.

BEFLÜGELNDE BOTSCHAFTEN

Die Vorlagen findest du auf Seite 55.

SO EINFACH KANN ES MANCHMAL SEIN: EIN PAAR SCHÖNE WORTE HIER UND DA, EINE KLEINE ERINNERUNG IM RECHTEN MOMENT UND SCHON GEHT'S VIEL BESCHWINGTER DURCH DEN TAG. WARUM NICHT ETWAS NACHHELFEN? DEKORIERE DEIN REICH MIT SCHMUCKEN NACHRICHTEN, GANZ NACH DEM MOTTO:

Verschönere deinen Lichtschalter im Schlafzimmer.

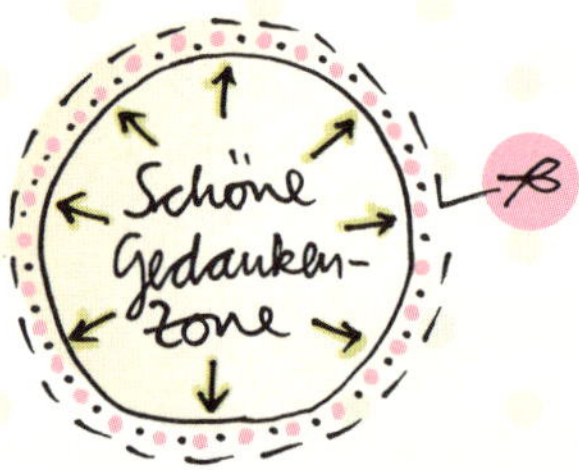

Mut-
mach-
Ecke

In einer Zimmerecke befestigen und bei Bedarf Energietanken.

volle Power voraus!

Happy day!

Tschüss, Sorgen!

Freude!

du bist
schön
schöner
am
Schönsten

Wer das liest, ist supermegatoll [und wie!]!

SCHMACKHAFTE STIELE

EIN ♥ FÜR TIERE, EIN ♥ FÜR FREUNDE UND EINS FÜR DIE FAMILIE ... HERZEN GIBT ES VIELE!

Hier ist ein ♥ - für dich!

Schneide einen großen Apfel in Scheiben (etwa 1cm dick).

Stich mit einem Keksausstecher aus den größten Scheiben Herzen aus. Auch Sterne oder andere Formen sehen toll aus!

Pike einen Holzstiel in jedes Apfelherz.

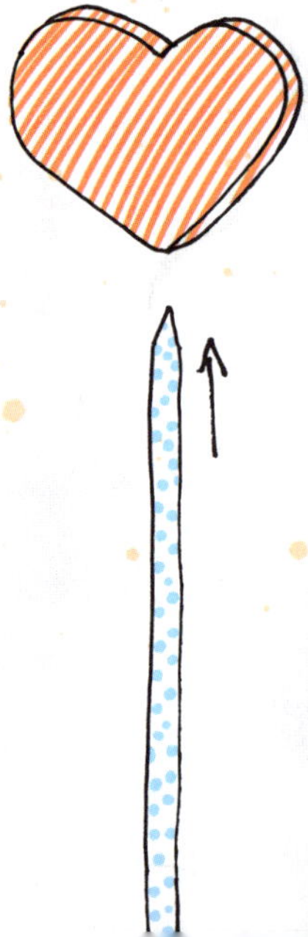

mit vielen Apfelvitaminen und Schokosüße!

Erhitze nun Kuvertüre im Wasserbad (z.B. weiße und dunkle) und verziere die Herzen, wie es deinem Herzen beliebt.

Bunte Streusel lassen dein Herz hüpfen!

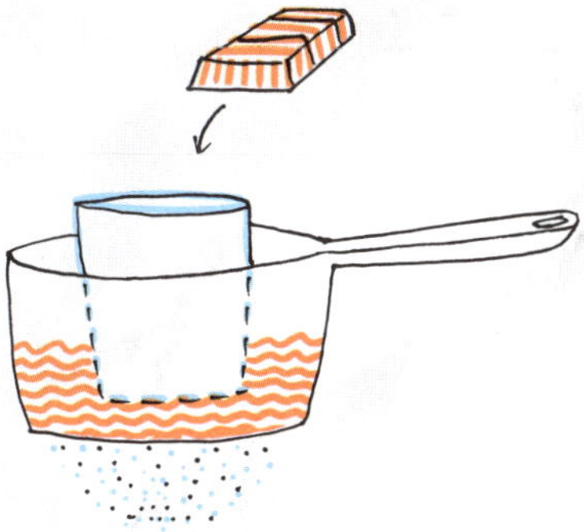

Lasse ein Herz zuerst in dunkler Schokolade baden. Mit einer Gabel kannst du dann mit der flüssigen weißen Schokomasse wilde Muster zeichnen.

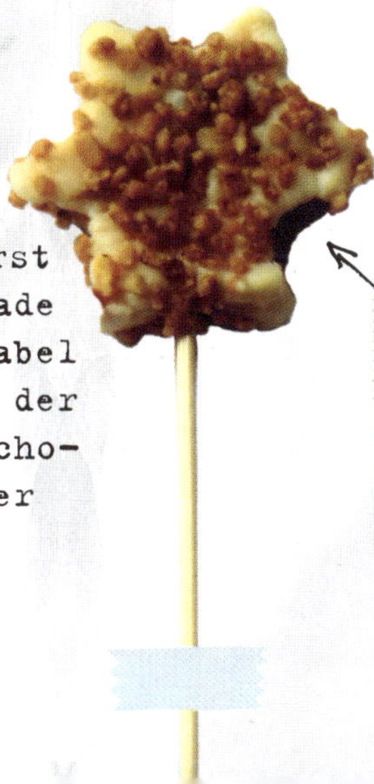

Mit etwas Nusskrokant wird's extraknusprig.

HOLDE HELDIN

ES GIBT NICHTS, WAS DICH ALS HELDEN QUALIFIZIERT? VON WEGEN! ALLES EINE FRAGE DER AUSLEGUNG, EINSTELLUNG UND: DES OUTFITS. HINEIN IN DIE SUPERHELDEN-KLAMOTTE! MIT DIESEN SCHMUCKEN MUCKIS FÜHLT MAN SICH DOCH GLEICH FÜR ALLES BEREIT!

Erhebe dich in die Lüfte.

Helmpflicht? Nö! Diese Haube ist viel schicker!

Setze dein Foto ein.

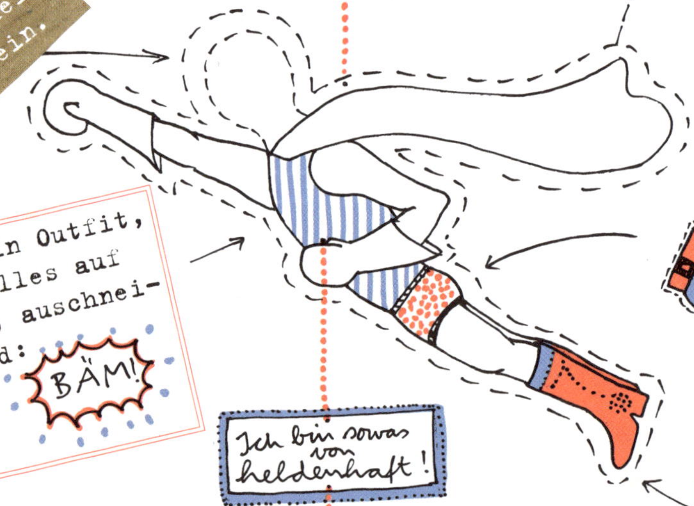

Male dein Outfit, klebe alles auf Karton, ausschneiden und:

Rockträgerin? Ausschneiden, ausmalen und aufkleben.

Nimm ein paar schlaue Supersprüche mit!

Auch ein Held trägt cooles Schuhwerk. Wie sieht deines aus?

Vorlagen findest du auf Seite 58.

REIZENDE RAHMEN

ÖFTER MAL DIE AUSSICHT ÄNDERN, BELEBT UNGEMEIN. SICHER? GANZ SICHER! DER SELBSTTEST: FÜHRE DEINE AUGEN EINE RUNDE SPAZIEREN UND SAMMLE KLEINE DINGE AUS DER NATUR, DIE DIR BESONDERS GUT GEFALLEN.

Auf zur Super-Sammel-Session!

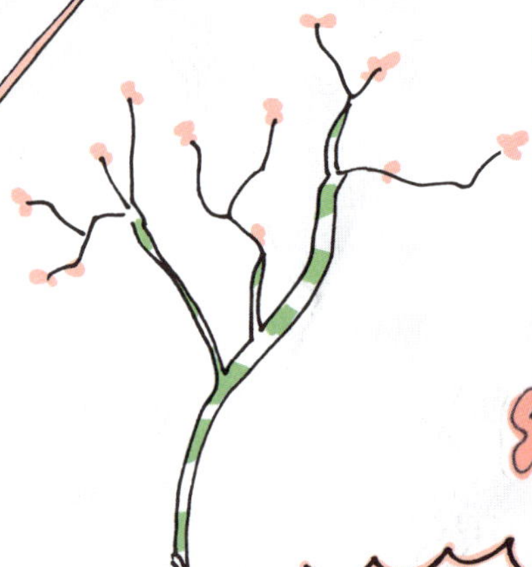

Bestücke deinen Quell der Freude so oft neu, wie dich deine Füße vor die Tür tragen oder bastle dir eine ganze Rahmengalerie.

Ran an den Rahmen!

Eine Rahmenvorlage steht zum Download* bereit. Selbstverständlich kannst du auch einen eigenen Rahmen malen.

Schneide aus Karton ein Rechteck aus (z.B. 9 x 13 cm) und klebe es auf die Rückseite des Rahmens. Zwischen Vorder- und Rückseite kannst du einen Bindfaden zum Aufhängen einkleben.

Wichtig: Bestreiche nur die Ränder und den Teil über dem Schlitz der Vorderseite mit Klebstoff. Der Bereich unter dem Schlitz bleibt frei, sonst wird's nix mit dem Hineinstecken. Und dann rein mit den Fundstücken in den reizenden Rahmen und freuen – und zwar immer wieder aufs Neue!

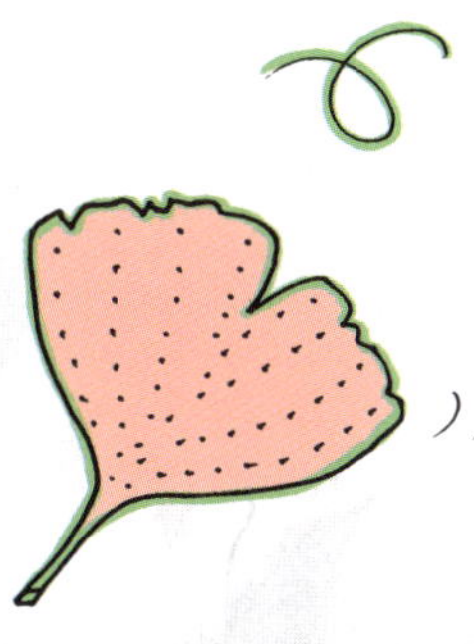

* www.emf-verlag.de/
22 kleine Aufmerksamkeiten

KÖSTLICHE KUGELN

DIR STEHT EINE DOOFE WOCHE BEVOR?
HIER NAHT HILFE:

Lege acht Pralinen (natürlich kannst du auch andere Leckereien verwenden) in einer Reihe auf einen Streifen Butterbrotpapier (ca. 10 cm lang).

Binde nun jede Praline einzeln mit einem schönen Band ab.

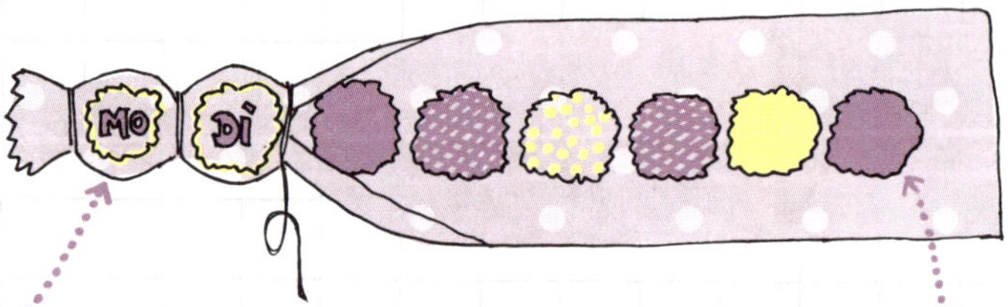

Beschrifte dein süßes Helferlein.

Notfall-reserve

Gönne dir jeden Tag eine Gute-Laune-Praline aus deiner tollen Tüte – so überstehst du alles, ganz bestimmt!

XXL for X-MAS:

Verpacke 24 Kugeln als Adventskalender!

To go

Für den Fall der Fälle passen deine Kugeln perfekt in die Handtasche.

dein Name

Befestige ein Schild an deiner Kugelkette.

yummy!

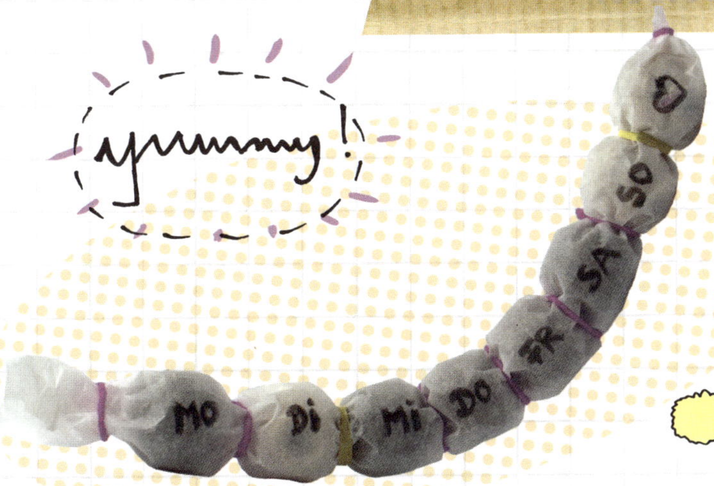

LASS LÄCHELN

SCHON WIEDER SO EIN GRAUER TAG? DANN LASS DIE SONNE SCHEINEN! DU HAST SIE AB JETZT BUCHSTÄBLICH IN DER HAND: NIMM DIESEN KLEINEN BEGLEITER AUS PAPIER UND WAGE DICH – EGAL BEI WELCHER WETTERLAGE – AUS DEM HAUS.

[doch, doch, los geht's!]

Und nun ... verschenke dein Lächeln!
Reiße bei jedem erwiderten Lächeln eine der gestrichelten Linien ein.
Nach zwei Lächeln setzt du einen Sonnenstrahl frei. Wie lange brauchst du, um deine Sonne ganz zum Strahlen zu bringen?

Eine Sonne als Vorlage findest du auf Seite 59.

Auf der Rückseite kannst du die benötigten Stunden, Tage oder Wochen eintragen – wer weiß, vielleicht bringst du ja ein ganzes Sonnenmeer zum Leuchten.

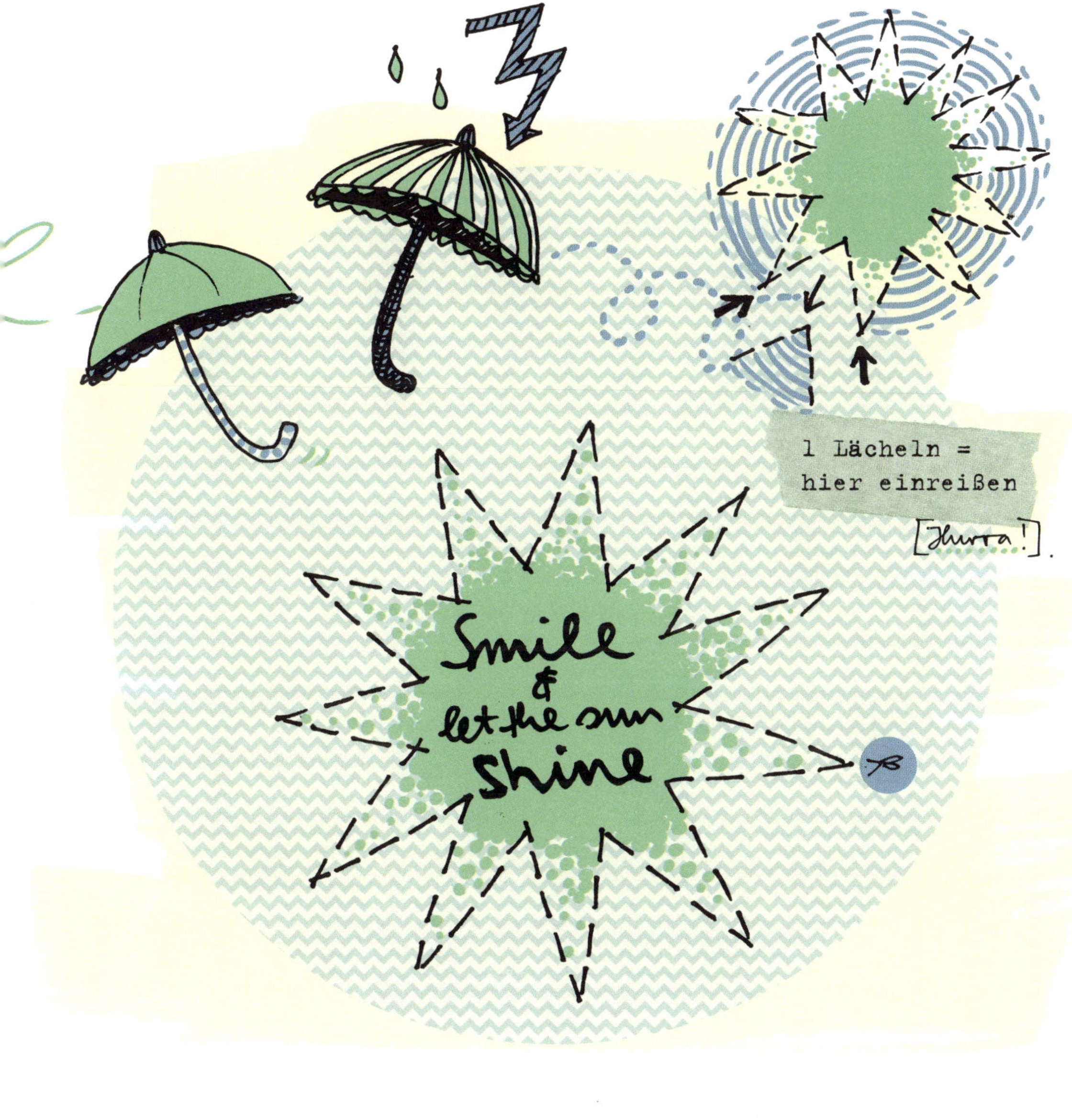
1 Lächeln =
hier einreißen
[Hurra!].
Smile
&
let the sun
Shine

FLOTTE FLASCHE

BEI VIELEN
DEINER WÜNSCHEN KANN
MAN SCHON MAL INS SCHWIMMEN
KOMMEN? GENAU: AB DIE FLASCHEN-
POST MIT ALLEM DRUM UND DRAN!

Besorge dir eine gut verschließbare Flasche. Benutze die Vorlage* oder verfasse selbst eine Botschaft an den Finder. Achte bei der Größe deines Blatts darauf, dass es fast so hoch ist wie deine Flasche, sonst lässt es sich später nur schwierig entnehmen.

Und nun: Flasche zu, ab in die Fluten und auf glücklichen Seegang hoffen! Ahoi!

* zum Download unter
www.emf-verlag.de/
22 kleine Aufmerksamkeiten

Lieber Finder,

diese Flasche ist einen sehr weiten Weg geschwommen, nur, um bei Dir zu landen [super, oder?!]. Sie will Dir sagen, dass ich mir Folgendes wünsche:

Einwurfort deiner Post

Immer raus damit, jetzt ist die Gelegenheit!

Falls Du das nicht hast, finden oder geben kannst, so hast Du vielleicht etwas anderes Schönes für mich?

Einen lieben Gruß, einen Fingerabdruck ...?

Mit einer Nachricht an machst Du mich sehr froh. Dankeschön.

Deine (E-Mail-) Adresse

SWEET SMILE

EIN SÜSSES LÄCHELN AUF ABRUF –
WO GIBT'S DENN SO WAS? AB JETZT BEI DIR!

So geht's:
Besorge dir fünf schöne Behälter und fülle vier davon mit deinen liebsten Leckereien. Beschrifte nun jedes Gefäß mit einem Papierbuchstaben (eine Vorlage gibt's auf Seite 62) und stelle sie nebeneinander zu einem großen Lächeln auf.

Wann immer dir ein Lächeln fehlt, nimm dir eins: Deckel auf, die kleine Süße genießen und schon sitzt dir wieder ein kleines Lächeln im Gesicht!

Du kannst auch ganz normale Gläser verwenden, z.B. leere Marmeladengläser. Löse die Etiketten ab und verstecke die Deckel unter schicken Hauben aus Stoffresten.

Hast du gerade nur dumme Gedanken und doofe Zweifel im Kopf? Statt dir selbst immer wieder eins auf den Deckel zu geben, öffne den Deckel von Behälter Nummer 5 und zahle ein: Für jeden Grollgedanken dir selbst gegenüber, lasse ein paar Cent in der Kasse klingeln. Und schwuppdiwupp – kaum ist die Kasse gefüllt, gönne dir etwas Kleines, Schönes, das deine Mundwinkel aufwärts befördert. Juppidei!

KOMM KNABBERN!

SO SELTEN WIE HERRLICH: EIN ABEND MIT SICH UND DEM LIEBLINGS-SCHMACHTFETZEN. REIN IN DIE GEMÜTLICHE SCHLABBERHOSE, PUSCHEN AN UND FILM AB!

Doch HALT! Alleine vor der Glotze lümmeln kann noch viel schöner sein! Schmeiß dich in Schale beziehungsweise leg dich in Ketten:

Fädle viele leckere Süßigkeiten auf einem Nylonfaden zu einer langen Kette auf. Verwende am besten Weingummi und Ähnliches, das nicht schmilzt. Passt die Kette über deinen Kopf? Dann verknote die Enden miteinander und hepp, 'rum um den Hals. So hüpft der kleidsame Süßkram praktisch von selbst in den Mund!

Direkt in den Mund!

Für dich und sonst niemanden*

*(naja, falls jemand gaaanz Nettes vorbeischaut, könnte eine Ausnahme genehmigt werden.)

LECKERSCHMECKER-

HALSKETTE

YUMMYTUMMY-

ARMBAND

Mini-Version

MACH EIN „GESCHMÜCKTES“ FOTO VON DIR. VIELLEICHT WIRD JA EINE GANZE GALERIE DARAUS!?

Ich & Modell "Zuckerschnute"

Knips!

Oh ja!

Du bist zum Anbeißen: Führe deinen schmackhaften Schmuck aus und lass knabbern!

GUTE-LAUNE-GUTSCHEINE

PFLÜCK DIR GUTE LAUNE! BEI DIESEN GUTSCHEINEN HAT TRÜBSINN KEINE CHANCE: EINFACH VORBEREITEN UND DIR SO OFT DU MAGST, WAS KLEINES GUTES TUN.

Schneide eine beliebige Anzahl Zettel in deiner Wunschgröße zurecht. Mit verschiedenfarbigen Papieren sieht es besonders schön aus. Schreibe nun auf jeden Zettel jeweils eine Sache, die dir gut tut und die du besonders magst (oder verwende die Vorlagen auf Seite 59). Falte den Zettel mehrmals und binde ihn an jeder Seite mit einem Band zu: Fertig ist dein Papierbonbon! Du kannst es mit flotten Sprüchen oder einfach nur schön bunt dekorieren.

In einer Schale, einem Glas oder an der Wand hältst du deine Gutscheine für den Fall der Fälle bereit: Wann immer dir der Sinn nach einer kleinen Freude steht, greif zu. Du siehst: Die Dinger scheinen nicht nur gut, sie sind es auch!

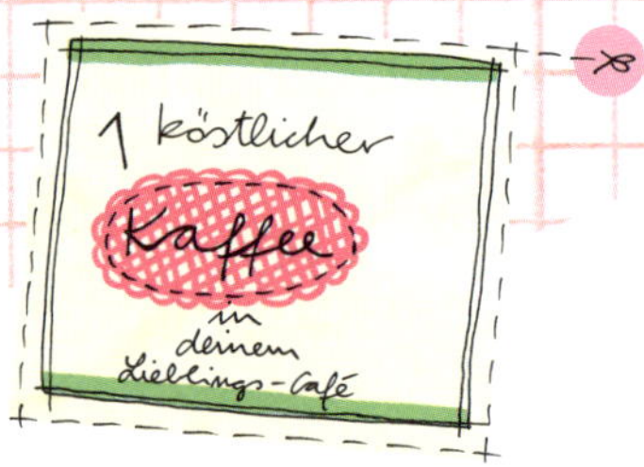

Häng deine kleinen Freuden an einem Streifen Karton auf.

1 Luftloch
Einfach mal an die Decke starren und nix tun.

1 Portion Sonne
Gönne dir eine kleine Auszeit und lass dir den Pelz wärmen.

1 Kompliment
Du bist wunderbar!

ODER ODER SCHNUR

Papier (z. B. 7 x 9 cm) gefaltet und zusammengebunden

ochen und mit einem Band an die Wand hängen.

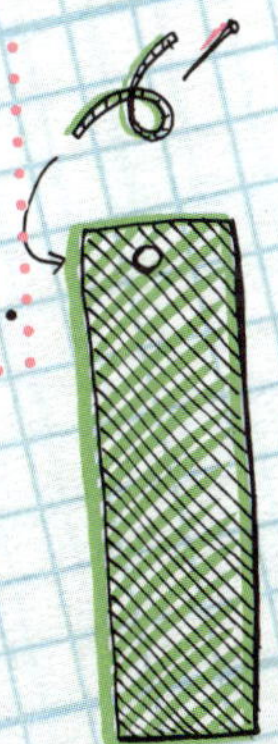

Du kannst deine Papierbonbons mit Röllchen aus Klebeband auf der Rückseite am Karton befestigen.

ein Streifen aus Karton

Größe z. B. 4 x 30 cm

1 frische Brise
Fenster auf und richtig tief durchatmen!

GLÜCK TO GO

GLÜCKSBRINGER SIND JA SCHÖN UND GUT, DOCH: WENN DAS GLÜCK GEBRACHT IST, SOLL ES DOCH AUCH BLEIBEN! ALSO, HER MIT DEINEM „GLÜCKSHALTER“!

Klebe eine der Vorlagen auf Seite 63 auf ein Stück Karton und schneide sie aus.

Die gestrichelten Linien in der Mitte der Zettel schneidest du vorsichtig ein. Für die Rückseite deines Halters bereitest du ein Stück Karton der Größe der Vorderseite vor. Bestreiche die Vorderseite mit Klebstoff und spare dabei den kleinen Bereich zwischen den gestrichelten Linien aus, hier wird dein Glück später Halt finden. Klebe Vorder- und Rückseite aufeinander.

So kommt und bleibt dein Glück:

1 Wunsch überlegen und auf einen Zettel schreiben.

2 Zusammenfalten.

3 Zettel in den vorbereiteten Glückshalter stecken.

4 Bemalen oder auch nicht.

5 Mitnehmen und auf glücklichen Wegen wandeln!

Wunsch erfüllt?

[Hurra!]

→ Dann den Glückshalter neu bestücken!

WUNDERVOLLES WÜNSCHELWERK

LASS DIE FUNKEN SPRÜHEN – UND ZWAR NUR FÜR DICH! MIT DIESEM KLEINEN, GANZ PERSÖNLICHEN FEUERWERK WERDEN DEINE WÜNSCHE WAHR ... PROBIER'S AUS!

Miese Laune? Zündle sie weg: Einfach eine von deinen Wunderkerzen anstecken, kurz die Augen schließen, wünschen und sich von den Wunschfunken verzaubern lassen ...

Wimpel-Klapptechnik

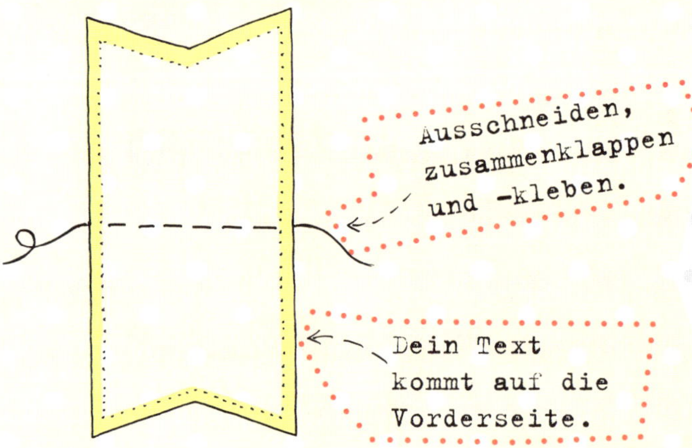

Richtig miese Laune? Gönne dir ein ganzes Feuerwerk: Zünde alle aufgereihten Wunderkerzen nacheinander an und – schwupps – erscheint alles in hellerem Licht!

Biege das Draht-
ende zu einer
Schlaufe und binde
die **Wunderkerze** an
einer Schnur fest.

Du kannst
deine Kerzenkette
mit kleinen
Wunschwimpeln
verschönern.

Hänge dein
Wünschelwerk
in deiner
Wohnung auf.

Abgebrannt?
Dann flott ein
neues **Kerzenwunder**
befestigen!

SEHENSWERTE SEITEN

DU HAST JEDE MENGE GUTE SEITEN – UND MIT DIESEM BÜCHLEIN KOMMEN NOCH EINIGE HINZU ...

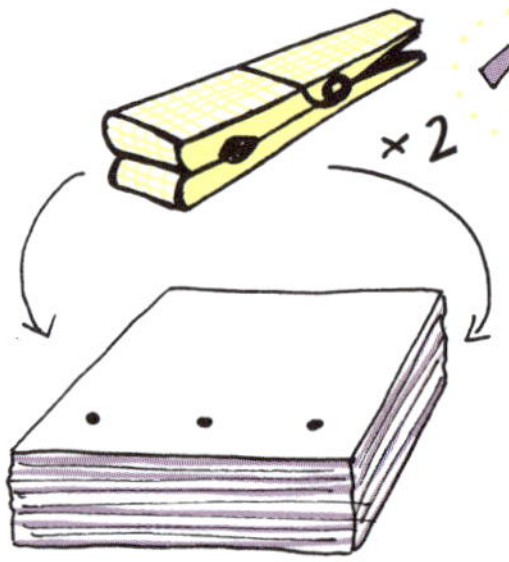

1 Schneide beliebig viele Papierbogen zurecht (z.B. 21 x 10,5 cm, 25 Blatt). Wenn du für das Deckblatt und die Rückseite Karton verwendest, wird dein Werk stabiler. Fixiere den Papierblock auf beiden Seiten mit Wäscheklammern und markiere drei Löcher für die Bindung des Buchs. Danach lochst du den Papierblock. Ist er zu dick, kannst du einen dicken Nagel durch die Seiten schlagen.

2 Fädle ein schönes Band durch eine dicke Nadel und führe sie von oben durch das mittlere Loch. Das kurze Ende sollte lang genug sein, um es am Schluss verknoten zu können.

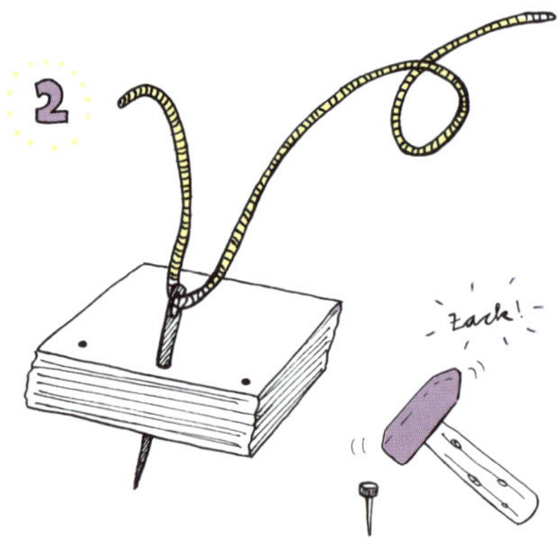

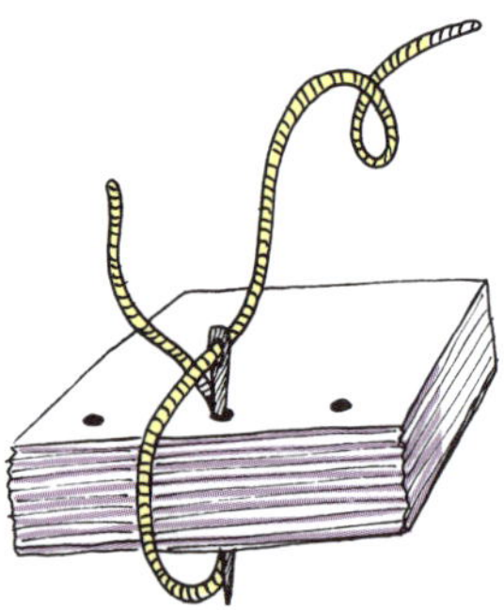

3 Die Nadel führst du nun um den Blockrücken herum und von oben wieder durch das Loch. Ziehe alles zu einer Schlaufe fest.

Vom mittleren Loch ziehst du das Band durch das rechte Loch nach oben (1→2). Jetzt geht es wieder um den Buchrücken nach unten zu einer festen Schlaufe (3) und schließlich wieder von unten nach oben durch dasselbe Loch (4). Nun führst du Nadel und Band vom rechten äußeren Loch (4) zum mittleren Loch (5) und hindurch nach unten. Wiederhole das Ganze auf der linken Seite. Als letzten Streich ziehst du dein Band von unten nach oben und verknotest es mit dem Endstück vom Anfang.

4

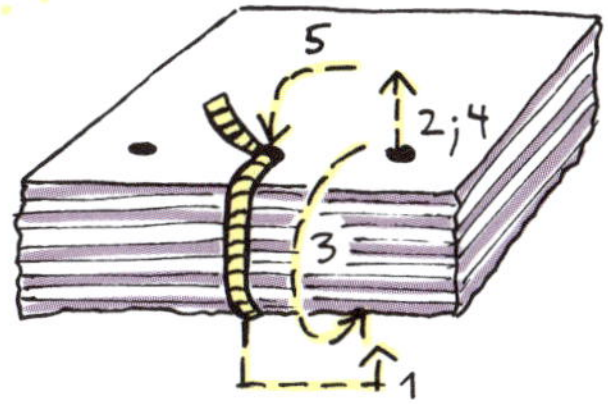

Das Band kann auch als Lesezeichen mit Stimmungsanzeige dienen.

5

Mit einer Falz lässt sich das Deckblatt besser aufschlagen. Lege dafür ein Lineal an der gewünschten Stelle an und knicke das Deckblatt leicht an der Kante entlang.

DARÜBER FREUEN SICH DEINE SCHÖNSTEN SEITEN SICHERLICH: oh ja!

- schlaue Sprüche
- leckere Rezepte
- Fotos von dir – Hall of Fame oder Hall of Shame?
- Lust- und Laune-Kritzeleien
- ein Lippenstiftkuss von dir
- spontane Einträge deiner Gäste

Rein da!

Du kannst Format und Seitenzahl variieren.

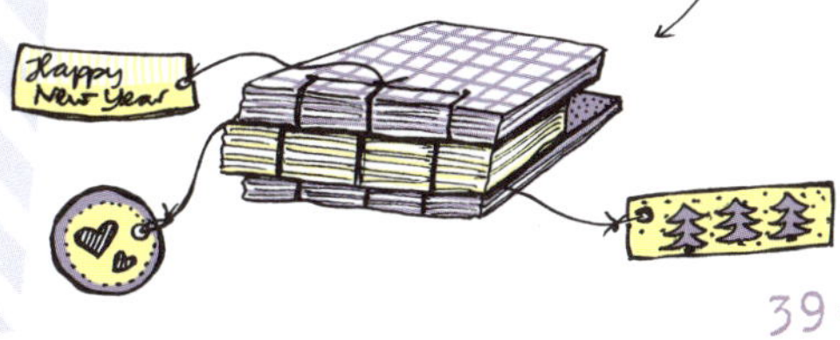

BYE-BYE BALLAST!

DU KÖNNTEST VOR ÄRGER PLATZEN? LIEBER NICHT! SO GEHT'S AUCH: KLEINEN FRUST AUF EINEN LUFTBALLON ODER GROSSEN FRUST AUF EINEN GANZEN BERG LUFTBALLONS SCHREIBEN, AUFBLASEN UND – AUF NIMMERWIEDERSEHEN! – ZERPLATZEN LASSEN.

Aus Wut mach Spaß: Befestige mehrere beschriebene Wutballons an einer Schnur und hänge diese auf. Als Wurfgeschoss können einige Stecknadeln herhalten, die du beschwerst, indem du sie durch ein Stück Korken stichst. Und nun aus einiger Entfernung die Wut zerplatzen lassen. Heissa!

Alles, was dich belastet mit einem Folienstift auf den Luftballon schreiben und aufreihen.

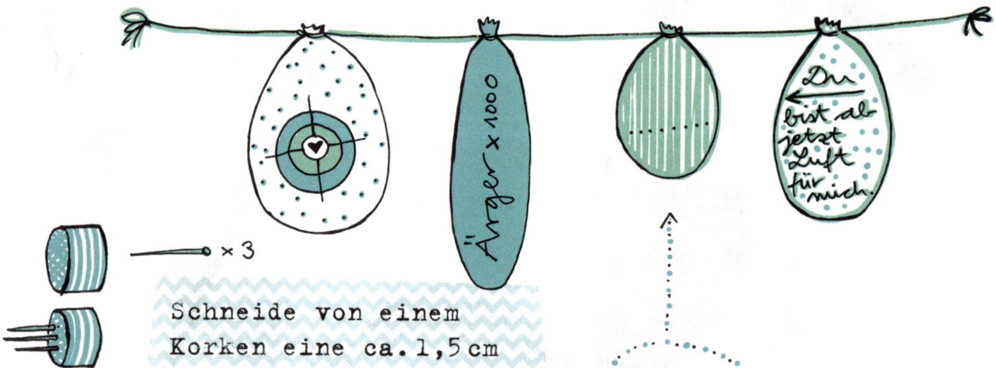

Schneide von einem Korken eine ca. 1,5 cm dicke Scheibe ab. Drei Nadeln durchstechen und lospiksen!

Hier den Namen eintragen.

Auch gut:
Mach dir LUFT!

WEIT WEG!

Du kannst deinem Ärger auch mit etwas mehr Aufwand begegnen und Ballons mit Gas füllen lassen. Den Ärger dann ganz einfach los- und in (der) Luft auflösen lassen.

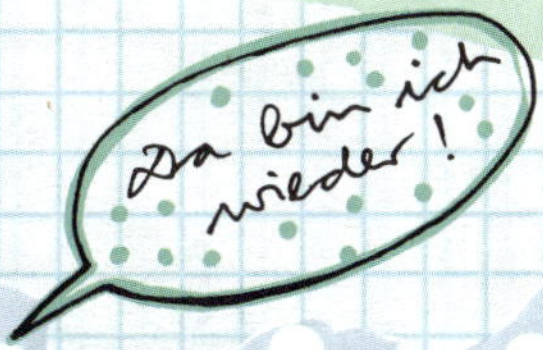

ZUM WENDEN

Platz zum Platzen: Bewahre am besten immer ein paar Luftballons plus Wurfgeschoss griffbereit auf, für den Fall, dass sich der kleine Ärger wieder anschleicht.

GLANZVOLLE GLÄSER

PAPIER, STIFTE, EIN LOCHER, ETWAS WOLLE UND SCHON WIRD'S RICHTIG GEMÜTLICH! ZAUBERE DIR AUS DIESEN EINFACHEN ZUTATEN SCHICKE WINDLICHTER FÜR JEDE GEMÜTS- UND WETTERLAGE.

1 Besorge dir ein oder mehrere Gläser (am besten mit einem gleichen Radius an Boden und Oberkante). Miss die Höhe ab und schneide einen passenden Papierstreifen zurecht.*

2 Lege diesen nun um das Glas, so kannst du den Umfang bestimmen. Schneide ihn so ab, dass die beide Streifenenden direkt aufeinander treffen. Wenn du mehrere Gläser verschönern willst, kannst du den ersten Papierstreifen als Schablone für die übrigen verwenden und die Papier einfach übereinanderlegen.

Hast du Gäste?
Mach Speisekerzen statt Speisekarten!

* Verschiedene Vorlagen findest du zum Download unter www.emf-verlag.de/22 kleine Aufmerksamkeiten.

3 Nun lochst du an der Ober- und der Unterkante entlang. Du solltest auf eine gerade Löcherzanzahl kommen. Für mehrere Gläser kannst du beim Lochen einige Papierstreifen übereinanderlegen. Aber Achtung:

Nicht zu nah am Rand lochen, sonst ratsch! reißt dein Papierkunstwerk!

Bemale, beschreibe oder beklebe jeden Papierstreifen.

Teelicht oder Stifte rein – schööön!

Windstill? Egal!

4 Fädle dann ein schönes Band, Wolle oder eine Borte durch die Löcher, lege den Streifen um ein Glas und binde die Enden zusammen. Sollte dein Band oder die Borte zu breit sein, so kannst du jeweils nur zwei Löcher an der oberen und unteren Kante setzen.

KLEINES KRÄNZCHEN

NADELT NICHT UND SORGT DENNOCH GANZ SICHER FÜR WEIHNACHTSSTIMMUNG: DEIN KLEINES KRÄNZCHEN ZUR ADVENTSZEIT!

Schneide aus einem Stück Karton einen Kreis aus (Ø ca. 15 cm). Lege dafür eine umgedrehte Müslischüssel auf den Karton und verwende sie als Schablone. Beklebe den Karton mit einem schönen Papier (z. B. Geschenkpapier) oder bemale ihn selbst. Anschließend schneidest du ein Loch von ca. 4 cm Durchmesser in die Mitte deines Kreises.

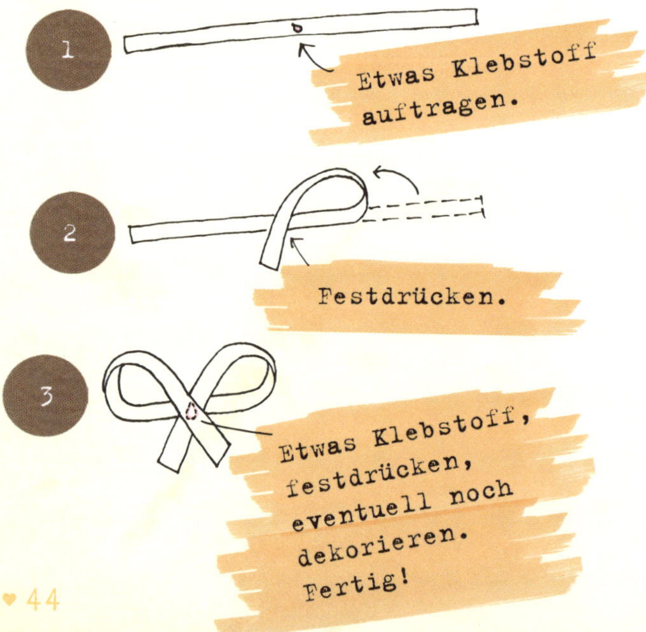

Für die Schleifen verwendest du Schleifenband oder du schneidest vier Papierstreifen zurecht (ca. 7 x 1 cm). Bevor du die Schleifen anbringst, befestigst du vier Papierstreifen (ca. 7 x 2 cm) als Untergrund auf dem Kreis: Fixiere sie auf der Rückseite mit Klebeband und klebe nun jeweils eine Schleife darauf.

Klebe vier Teelichter mit doppelseitigem Klebeband auf und dekoriere dein Kränzchen ganz nach Laune. Auf Seite 51 findest du Vorlagen für verschiedene Elemente, die du auf Karton kleben, selbst kolorieren und ausschneiden kannst.

Mit farbigen Kerzen oder Duftkerzen wird's erst richtig schön!

GESCHICHTE GESUCHT!

LASS DAS LEBEN NICHT ALLEINE GESCHICHTE SCHREIBEN, MACH MIT!

hi hi hi

GUT FÜR:
- HIRN
- HERZ
- LACHFALTEN*

*[wunderschöne]

1 Schnapp dir eine Tageszeitung, Illustrierte oder ein Buch und umkreise, ohne zu überlegen, mehrere beliebige Wörter (z.B. 10 Stück).

2 Liste die Wörter untereinander auf einem Bogen Papier auf und los geht's:

3 Innerhalb einer bestimmten Zeit (z.B. 10 Minuten) schreibst du nun eine Geschichte, die diese Wörter beinhaltet.

Glück

Pech

Beschäftigt dich momentan irgendetwas besonders?

Freundschaft

Liebe

Du kannst dir bei jedem Durchgang ein Thema ausdenken oder mehrere Runden zum gleichen schreiben. Kritzle dich glücklich, lustig, müde, munter ... durchs Leben!

Hast du Vorlieben? Krimi? Schnulze? Ratgeber? Märchen?

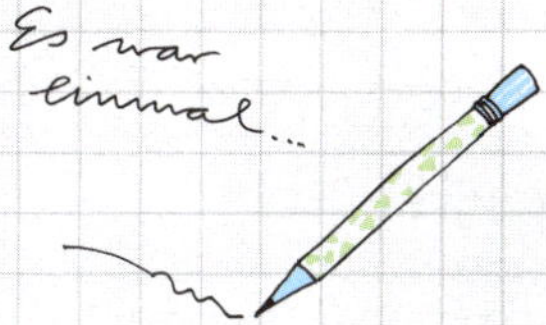

wie DU mir, so ICH dir:

Vereinbare mit einer Freundin oder einem Freund einen Geschichtentausch, z.B. 1 x pro Woche.

Fortsetzung folgt: Setze deine Geschichte jeden Tag mit neuen Wörtern fort, solange du magst! Da ist die unvorhergesehene Handlung vorherzusehen!

Best of:

Fasse dein Sammelsurium zu einem kleinen Büchlein zusammen. Auf Seite 38/39 findest du eine Anleitung für eine schicke und simple Bindung.

About the ARTIST

Susanne Schiefelbein wurde in Berlin geboren. Schon als Kind experimentierte sie sich durch die Restaurierungswerkstatt ihres Vaters und prüfte vom Farbkasten bis zum Lötkolben fasziniert alle Materialien, die ihr vor die neugierige Nase fielen. Nach ihrem Design-Studium war sie zunächst als Redakteurin und Produktmanagerin tätig, bevor sie sich einen großen Wunsch erfüllte und ein eigenes Kreativ-Atelier gründete, für das sie illustriert, textet und sich Konzepte ausdenkt.

www.suschie.com

Liebespost-Rückseite – schick verziert und beschrieben

Hier mit Lippenstift einen Abdruck hinterlassen!

Liebespost-Vorderseite – mit deinem Foto und tollen Dingen zum Ausschneiden und immer bei sich tragen*

* Die passenden Vorlagen findest du zum Download unter www.emf-verlag.de/22 kleine Aufmerksamkeiten.

IMPRESSUM

Bibliografische Information der Deutschen Bibliothek.

Die Deutsche Bibliothek verzeichnet diese Publikation in der deutschen Nationalbibliografie. Detaillierte bibliografische Daten sind im Internet über http://www.d-nb.de/ abrufbar.

EIN BUCH DER EDITION MICHAEL FISCHER

1. Auflage 2014

Covergestaltung und Layout: Verena Raith
Redaktion und Lektorat: Charlotte May

ISBN: 978-3-86355-199-5

Printed in Slovakia

www.emf-verlag.de

VORLAGEN

Die folgenden Seiten einfach an der gestrichelten Linie ausschneiden, danach sind die Vorlagen dran. Lust auf mehr? Dann male sie aus, vervielfältige sie, dekoriere sie mit Glitter und allem, was dir einfällt – Hauptsache, es macht Spaß!

Kleines Kränzchen S.45

Dufte Dinger S.6

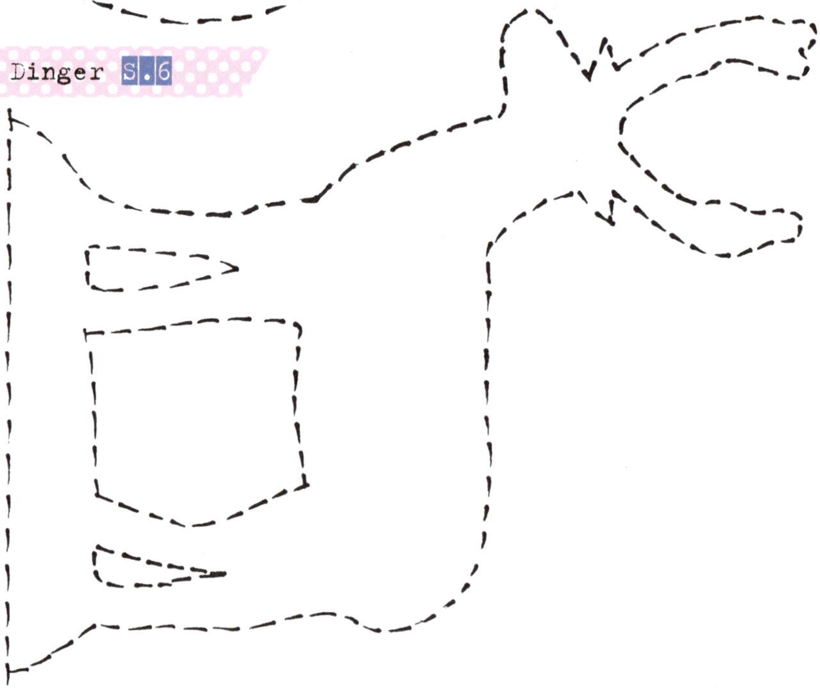

Beflügelnde Botschaften S.14/15

Holde Heldin S.18

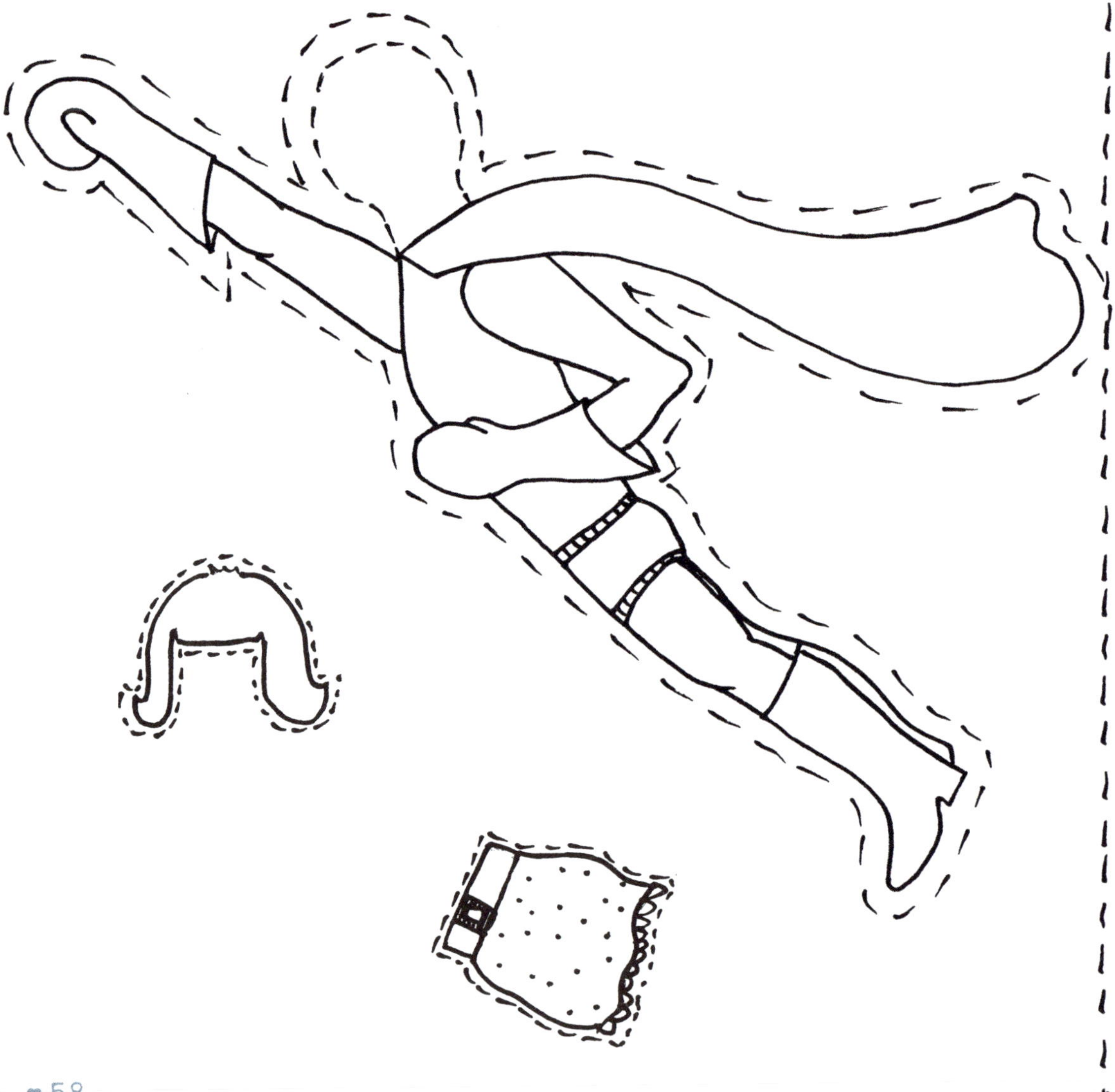

Lass Lächeln S.25

Schneide an der äußeren blauen Linie entlang.

Gute-Laune-Gutscheine S.32/33

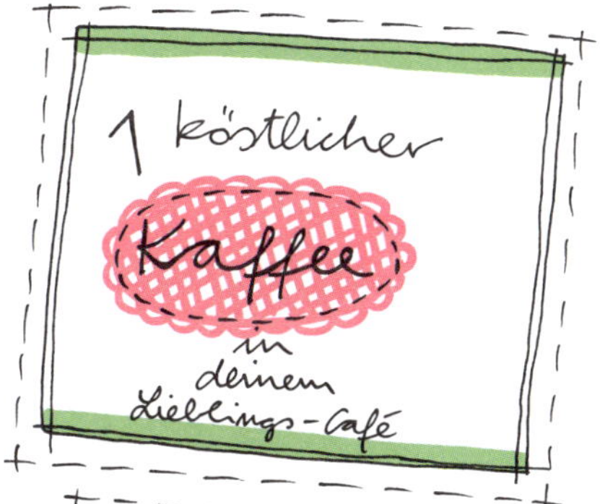

SMILE

Glück to go S.34